IL SIMBOLO DELLE EOLIE

In questi ultimi tempi più che mai l'uomo si sta rendendo conto di come va acquistando, direi conquistando, sempre più capacità in tutti i campi del progresso.

Sempre più può influire sulla propria vita e sull'ambiente dal quale dipende la sua stessa esistenza. Così è che sempre più si coscientizza su quanto importante è il rispetto e la protezione dell'ambiente che è il nostro intero pianeta.

Da quando l'uomo ha cominciato a crearsi una dimora e poi una casa, sempre ha cercato di tenerla nelle migliori condizioni, il più pulita, comoda e funzionale possibile. Ora abbiamo acquistato la coscienza che la nostra vera casa è tutto il pianeta.

Con questo spirito si cerca sempre più di valorizzare, proteggere e prendere come simbolo quanto più rappresentativo esista in ogni sito.

Così è che da alcuni anni è apparso come simbolo delle stesse Isole Eolie, la immagine della lucertola, della piccola lucertola che spesso si vede correre tra i sassi, non solo in queste isole...' però, come vedremo, c'è molto da dire su questo punto.

Io credo di essere il "colpevole" di tutto questo. Come mai? É questo che desidero cercare di raccontare.

Scientificamente si chiama *Podarcis raffoneae*, però da tutti è semplicemente conosciuta come "Lucertola" o "Lucertolina", dato che nella maggioranza dei casi riesce a suscitare una certa simpatia. Però tornerò su questo ben più avanti, verso la fine di questo scritto.

Certo che, pensando ai racconti di avventura, questa realtà supera molte fantasie.

Chi sono io? Com'è che sono potuto essere stato responsabile di tutto questo?

... Adesso sto scrivendo dal Perù, un poco alla volta, in quei momenti che ne abbia la possibilità tra le mille cose che mi tocca seguire, come, per esempio, mentre viaggio da un punto all'altro. In questo momento sto viaggiando a Lima, tornando dalle mie cave di marmo del Nord, al limite tra deserto e selva, ove é estate eterna. Il viaggio dura tutta la notte. Dico "mie" cave, perché dirigo e sono responsabile di questa attività.

A Lima vi sono sempre varie cose da fare. Poi andrò a controllare altre cave di travertino. Queste sono nell'altipiano andino del Perù centrale, tra i 4.200 ed i 4.400 metri di quota. Per quel che mi risulta sono le cave più alte del mondo (Cave: esistono miniere più alte). Anche qui viaggio abitualmente in corriera durante la notte. In questa occasione si transita per il passo con strada asfaltata più alto del mondo, più del Monte Bianco, con i suoi 4.818 metri. E di qui passa pure il treno che per più di un secolo è stato anche lui il più alto del mondo, superato solo recentemente da una nuova linea ferroviaria in Tibet. Questo treno, realizzato più di un secolo fa dagli inglesi, è giustificato dalle grandi attività minerarie in questa zona delle Ande centrali (ove le miniere raggiungono i 5.000 metri). Però qui si mantiene un record difficilmente battibile. Infatti sulla Himalaya si parte da altipiani a quote già elevate. Qui invece partiamo proprio dalla costa dell'oceano Pacifico e non credo che vi siano dislivelli maggiori sulla Terra.

A volte passo perfino tre notti alla settimana viaggiando di qui e di lì, quando non vado in altri posti per il mondo, come ultimamente in Cina, Italia, Messico.

Potrei continuare a raccontare di tutto ciò certamente per molto. Prima del Perù fu Bolivia, per due anni tra Amazzonia e Mato Groso, Uruguay ove viví, Argentina... credo che ben pochi conoscano la Patagonia come me, da estremo ad estremo, nei punti più reconditi, percorsa ed esplorata per alcuni anni.

Però, che centra tutto questo con la Lucertola delle Eolie, ora considerata simbolo e che il tutto è così grazie a me?

Mia madre racconta che dopo aver frequentato per due anni la facoltà di ingegneria, decisi di cambiare a geologia giustificando che non volevo passare la mia vita dietro a un tavolino. Difficoltà ne ho passate veramente tante, però in questo ci sono riuscito.

Spesso qualcuno mi chiede, anche qui in Sud America, per quale squadra di calcio tifo. Per nessuna. Io non ricordo di avere passato una sola domenica in casa od in città. Uno dei miei primi lavori è stato quello di maestro di sci in Svizzera per alcune stagioni ed anche riuscii ad ottenere il titolo di Istruttore di Alpinismo, facendo anche la guida di montagna e speleologia. Anzi fui il primo siciliano ad acquistare questo titolo.

Sì, infatti sono nato a Palermo nel 1950... Ecco che qui una piccola parte della storia comincia a svelarsi: sono siciliano, quindi sono stato molto più vicino alle Eolie di come si sarebbe potuto pensare all'inizio. Però che diavolo ho fatto io con queste lucertole? Credo che ancora sia difficile da immaginarsi.

Proseguo a raccontare e ci trasferiamo a Macugnaga, un piccolo paesino alpino, nel fondo della Valle Anzasca, ai piedi dei ghiacciai del Monte Rosa. Un paesino più svizzero che italiano, anche se politicamente in territorio italiano, però proprio ai confini. Il dialetto locale, come tutte le tradizioni, sono Walser, provenienti dalla Svizzera tedesca ed uguali a quelle di Saas Fee e Zermatt, dall'altro lato della valle, in Svizzera.

Un tempo nuclei abitati difficilmente classificabili come paesi, sia per le piccole dimensioni, sia per essere in gran parte distribuiti in baite ed alpeggi. La gente sopravviveva con grandi sacrifici, con le classiche attività degli alpeggi, come pastorizia e simili, legname dei boschi, caccia, anche contrabbando ed, abbastanza importante in Macugnaga, attività mineraria, grazie a quella che è stata la più grande miniera d'oro in Europa, conosciuta già dai romani. Al momento è inattiva, pur se per nulla esaurita. Ultimamente vi sono state grandi trasformazioni e le attività principali sono gli sport invernali ed il turismo, anche estivo.

Però, che tiene a che vedere Macugnaga, nella storia delle lucertole delle Isole Eolie? Apparentemente il mistero torna ad infittirsi e nuovamente sembra che ci allontaniamo. Però solo stiamo costruendo gli anelli della catena, che poi occorre unire.

I fatti risalgono all'inizio della decada degli anni '70. Due fatti si stavano sviluppando agli estremi del territorio italiano, apparentemente senza tenere nulla a che vedere tra di loro.

A Palermo, in Sicilia stava crescendo un buon gruppo degli appassionati della Natura, che, intrappolati nella vita cittadina, di una città abbastanza grande e dinamica, cercavano sfogo nei momenti liberi, in particolare nei fini settimane e vacanze. In questo aiutati molto dalle condizioni dell'ambiente locale particolarmente favorevoli, come clima, varietà e ricchezze possedute. Tutta la Sicilia è terra di vacanze per gente proveniente da tutte le parti, sia per i valori storici, sia per le speciali caratteristiche naturali.

Così che il CAI, Club Alpino Italiano, certamente ben diffuso nelle zone Alpine, però anche in molte parti degli Appennini, in Palermo contava già in quella epoca con un migliaio di inscritti. Ovvio che non tutti erano frequentatori assidui. Molti vi partecipavano saltuariamente o solo per avere facilità per andare a sciare in inverno nelle nevi della Madonie o per partecipare a qualche passeggiata domenicale nelle montagne locali, organizzata e preparata per essere adattata a livello familiare o semplicemente per incontrarsi. Le attività erano aperte anche ai non soci. Però c'era un gruppo più concentrato, che poi era quello che organizzava il tutto, anche offrendo la necessaria assistenza ai meno esperti. Tanto appassionato che si dedicava al 100% ed anche di più, puntando alle mete più elevate ed allo stesso tempo specializzandosi per raggiungere le condizioni necessarie. Tutto era interessante e ci si metteva totalmente in tutto. Si formavano vari gruppi: gli alpinisti, gli speleologi, gli sciatori di discesa e di sci

4

di fondo, o semplicemente gli escursionisti. I migliori di questi poi erano gli organizzatori ed assumevano i corrispondenti incarichi direttivi. Parte molto importante era anche quella di attrarre nuova gente e prepararla. Così pure sorgevano i vari corsi di alpinismo, sci, speleologia, ecc. Avevamo anche il gruppo di Soccorso Alpino legalmente riconosciuto.

Ben pochi erano quelli che entravano a fare parte di tutti o quasi i gruppi, dedicandosi così a tutte le attività ed acquistando una sufficiente esperienza da essere in condizioni da guidare gli altri.

Io sono stato uno di questi pochi. Per quanto riguarda l'alpinismo eravamo un gruppo di quattro affiatatissimi amici, i migliori, che andavamo trascinando tutti gli altri a parte le attività più difficili ove andavamo solo noi quattro. C'era anche il gruppo di speleologia. Forse questo era il gruppo ove meno partecipai, però ovviamente ogni volta che c'era qualcosa di speciale ci andavo, con tutta la preparazione sufficiente per mettermi nel più difficile ed incaricarmi di guidare gli altri. In alpinismo avevamo la fortuna di ciò che ci offriva madre Natura in zona, per lo meno per ciò che si trattava di roccia. Assolutamente tutti i gusti e perfino una intera montagna con rocce calcaree di ogni difficoltà, fino allo strapiombante e pareti verticali di quasi 300 metri praticamente dentro la stessa città... si andava in bicicletta e chi voleva, poteva prendere un autobus di linea cittadino per arrivare fino in cima a 606 metri di altezza, a strapiombo sul mare... certo alpinisticamente parlando, una situazione che faceva invidia a molti paesi alpini. E questo valeva anche per la speleologia essendovi una quantità di grotte e caverne in piena regola e certamente ancora ve ne è da scoprire. Questa era la nostra "palestra"... per poi andare a fare qualcos'altro altrove.

MONTE PELLEGRINO circondato dalla città di Palermo. I paretoni maggiori sono tutti dall'altro lato.

Arrivai ad essere il primo siciliano che riuscì a prendere il titolo di Istruttore di Alpinismo del CAI e non facevo di meno con lo sci... tanto che quando poi mi trasferì al Nord, in questa Macugnaga di cui ho accennato, da lì passai alcune stagioni invernali nel centro turistico di sport invernali di Crans Montana, in Svizzera, guadagnandomi la vita come maestro di sci della scuola di sci locale.

Sono riuscito ad introdurmi nella Natura e non solamente avvicinarmi ad essa rimanendone fuori. Il cittadino che la domenica va a fare qualche escursione o che durante le sue vacanze annuali partecipa ad un viaggio avventura, praticamente "visita" la Natura e certamente vede molte belle cose e fa esperienze molto interessanti. Però ben differente è vivere in essa e non lasciarla per tornare a casa, perché lì è la propria casa... così che, per esempio, non ci si mette gli sci solamente per fare qualche discesa in pista o fuori pista, ma anche per muoversi nell'ambiente ove si vive e fare le cose normali, o quando lo stesso si fa a mare ove non si va per farsi un bagno, però farsi i bagni serve per fare un qualcosa in quell'ambiente ove si vive, oppure dovere far fronte ai disastri naturali, valanghe, frane, alluvioni, perché ci si trova lì a vivere, od ancora fare attività di ricerca, studio, esplorazione e portare avanti qualcosa, come una attività mineraria in posti tanto isolati che neanche i turisti di avventura ci vanno. Ed anche passare due volte alla settimana il passo più alto del mondo, più del Monte Bianco, ormai dormendo per approfittare di questo tempo, quando altri da tutte le parti del mondo ci vanno per potere raccontare di avere fatto questa avventura... e con tutti i preparativi di una "avventura al limite", ... mal di montagna, pericoli dell'altezza ecc... mentre invece io approfitto di questi momenti per dormire...

... Senza considerare poi un altro aspetto anch'esso essenziale, che è la fusione con la gente del posto, con le persone più isolate, con gente che per come vive, l'europeo considera "tribù", che però direi sempre ha tanto e tanto da insegnarci. Ed arrivare ad essere considerato come uno di loro ed avere aperte le porte a tutto ciò che è la vita locale. Anzi esserne un elemento influente e degno di rispetto. Questo è un qualcosa molto diverso dal turista che di passo visita e se ne va. Così come il turista approfitta dell'esperienza di questo contatto per fare foto, comprare souvenir esotici e raccogliere elementi da raccontare tornando a casa, anche i locali imparano ad approfittarne per un qualche beneficio extra nella loro vita quotidiana. Però certo ben difficilmente il turista potrà partecipare realmente anche per un momento a ciò che è la reale essenza del vivere in quelle tali condizioni.[1]

Torniamo a Macugnaga che nella stessa epoca era ormai un centro turistico alpino ai piedi della parete più impressionante del Monte Rosa, che, pur se di poco battuto in altezza dal Monte Bianco, rimane il più grande come estensione e per i suoi numerosi ghiacciai. Ovviamente in queste condizioni Macugnaga, a parte di divenire un centro alpino di alta quota e di sport invernali, anche era da tempo, una delle culle delle migliori guide alpine ed alpinisti di massimo livello.

---

[1] Ho scritto in altra occasione, sempre come hobby, qualcosa che dà valore a questi concetti. Questo realmente non ha nulla a che vedere con il tema delle lucertole delle Eolie, così che lo offro come un allegato extra, se qualcuno ne fosse interessato.

MONTE ROSA: Parete Est sovrastante Macugnaga

Che cosa centra tutto questo con le lucertole delle Eolie? Sembra che ne siamo ben lontani, quasi come pensare di andare in Antartide per prenderci una bella abbronzatura integrale. Però solo un poco di pazienza e cominciamo a vedere come si vanno unendo i vari anelli.

Così che in quel periodo Macugnaga si stava preparando per festeggiare i 100 anni della prima salita del Monte Rosa, fatta da una loro guida del tempo e cercava qualcosa di originale.

Adesso entrano in scena gli amici del Sud. Il Club Alpino Italiano è nazionale e le varie Sezioni mantengono intercambi. Il Presidente della Sezione di Palermo (Nazzareno Rovella) era ben considerato a livello nazionale e promuoveva questi contatti, cosi che si mantenevano contatti molto amichevoli anche tra Nord e Sud.

Ecco l'idea!

Le bellissime Isole Eolie sono sufficientemente lontane da altre terre per sembrare come dei punti totalmente isolati dal resto del mondo, un vero gioiello della Natura, che nulla hanno da invidiare ad altri posti famosi della terra paragonabili per ambiente, bellezza del mare, trasparenza e limpidezza delle acque, stupenda temperatura per bagni di ore ed ore e tutta una serie di fenomeni vulcanici e geologici che ne aumentano non di poco gli attrattivi. Così che in queste condizioni non mancano cose originali di grande interesse.

Ognuna delle sette isole principali è differente dalle altre. Lipari é certo la più popolata, forse l'unica con un paese abbastanza grande ed un carattere più "continentale". Invece poi Alicudi e Filicudi rimangono le più isolate e meno popolate, ove la Natura domina forse più che altrove.

Tra le tante cose che meritano attenzione, uno dei vari attrattivi del mare eoliano è la bellezza delle coste tanto articolate come un ambiente vulcanico le può fare. Alcune spiagge, scogli tutti diversi e formazioni particolari che arricchiscono il paesaggio marino sopra e sotto le acque, anche grazie alla trasparenza eccezionale. I faraglioni sparsi di qua e di là per le varie isole, sono uno degli elementi di questo ambiente. Alcuni sono semplici scogli che magari è esagerato chiamare "faraglioni", però altri, tutti costituiti da roccia vulcanica, che come tale ha sempre una particolare abilità nello sbizzarrirsi nelle forme più insolite, non so se sono i più grandi del mondo; io più grandi non ne conosco. L'isola di Filicudi si può vantare di avere il più grande e spettacolare di tutti. Il suo nome è ben appropriato: LA CANNA. Lo incontriamo navigando ad occidente in direzione dell'ultima e più isolata delle sette isole, Alicudi. A circa un chilometro e mezzo dalla costa di Filicudi sorge dal mare blu intenso con una forma spettacolare e va su dritto, quasi come un dito, cercando di guadagnare il cielo in verticale da tutti i lati. É quasi impossibile approdarci, ed il "quasi" significa che c'è solo un punto nei 360 gradi di circonferenza ove con una piccola barca, come quella dei pescatori e solo con mare calmo e con prodezze del barcaiolo, più abbastanza agilità e confidenza al mare come alla roccia, è possibile saltare dalla barca su un piccolo scoglio che poi si collega al "dito" verticale ... oppure a nuoto, sempre che si abbia sufficiente familiarità con il mare per sapere come afferrarsi agli scogli taglienti giocando con il flusso e riflusso delle onde, senza esserne sbattuto contro.

Questo unico punto offre una piccola piazzola con i piedi dentro l'acqua e poi... su in verticale per quasi 100 metri fino alla cima. Tutta roccia vulcanica marrone oscuro, spesso tagliente, che nelle ore di maggior sole raggiunge temperature da scottare. Certo non c'è molta possibilità di movimento ed è più che ovvio che mai sulla Canna di Filicudi, nessun essere umano, dei molto pochi che vi fossero approdati, è arrivato più su da riuscire a tirar fuori i piedi dall'acqua.

Fu una idea piena di simbolismo. Festeggiare i 100 anni della conquista del Monte Rosa, con un'altra "prima" (così si chiamano le arrampicate per una via mai percorsa da nessuno anterior-mente) più che originale. Anzi, si tratterebbe di qualcosa di più di una "prima", perché non è solamente la via nuova, ma è la intera "montagna" (in questo caso "La Canna") che mai era stata visitata dall'uomo più in su del livello del mare. E questo con l'animo di unire il Nord con il Sud, le Alpi con il mare, il pescatore che svolge la sua vita isolata nella sua isola perduta, con il montanaro che svolge la sua vita isolata nelle sue montagne. E realmente si trattava di unire il mare con la montagna, con l'alpinismo. Non poteva essere più letterale la cosa con una partenza di una via alpinistica con i piedi dentro il mare ed in un punto del pianeta ove certamente mai l'uomo vi aveva messo piede. Cosa forse unica in Europa.

Le Guide di Macugnaga offrirono una statua della Madonna e l'obbiettivo fu di andare a metterla sulla cima della CANNA, a protezione allo stesso tempo dei montanari ed alpinisti, come dei marinai e pescatori, avvicinandoli nelle tante similitudini esistenti tra loro, che vi sono nel profondo, mentre le differenze rimangono più qualcosa di superficiale.

Furono 5 le guide alpine, se ben ricordo, ed incontrarono una enorme difficoltà che quasi li faceva desistere. Mai avevano arrampicato vedendo sotto di loro e tutto intorno, acqua e solo acqua in movimento. La mancanza di familiarità con il mare fa-ceva che questa vista fosse per loro, abituati a vedere sotto di loro roccia e ghiacciai, un qualcosa di terrorizzante. Vedere questo qualcosa in movimento gli creava forse un senso di vertigini. In questo noi eravamo ben avvantaggiati. Nati a mare, pratica-mente abbiamo imparato a nuotare così come a camminare. Anzi il mare ci dava tranquillità sia nella arrampicata con l'acqua sotto i piedi, come nelle operazioni dell'approdo ed ancora di più del ritorno che si faceva lasciando la roccia ferma con un bel tuffo da un qualche punto anche qualche metro elevato sul mare, così da allontanarsi in un solo colpo dal pericolo delle onde contro gli scogli (a parte una avvicinata della barca, però una sola, nell'intervallo tra due onde, solo per caricare ciò che non si poteva bagnare).

Così 5 guide di Macugnaga fecero la prima scalata della Canna di Filicudi e vi fissarono sulla cima una statua della Madonna che ha resistito vari anni. É ovvio pensare, cosa nella quale entrerò in qualche dettaglio tra poco, che il sottoscritto si preoccupò poco dopo di fare la seconda salita con il gruppetto esperto ed affia-tato già presentato. Pensando alla seconda salita, ancora non tenevo idea che avrei anche organizzato successivamente una terza salita, per una ben precisa ragione che dirò tra poco. Dopo di questo più nessuno è andato sulla Canna di Filicudi, che nel frattempo, grazie a questo acquistava più valore rappresentativo perfino per tutte le Eolie. Molti la andavano e vanno a visitare, però solamente dal mare. Attualmente è perfino vietato approdarvi... per chi lo tentasse...

Ebbene che diavolo è successo? Ed ancora una volta, che centra tutto questo con le Lucertole delle Eolie o meglio con il fatto che le Eolie usano la lucertola come loro simbolo?

Fin qui abbiamo visto come dal Sud America, dalle esperienze patagoniche, dai punti più sperduti delle Alpi, dalla stessa Sicilia, tutto si è unito in un unico punto che è la Canna di Filicudi. Però certo manca la parte più importante.

Adesso tocca a questa... però ho tanto accennato alle particolaritá delle Eolie ed all'esistenza di tanti elementi unici ed interessanti, che prima di avviarmi a svelare il mistero, considero opportuno riconoscerne i valori e fare un accenno a questi elementi per lo meno per ciò che si riferisce agli aspetti naturalistici e geologici, che sono del mio settore specifico. Quindi facciamo un intervallo; che aumenti la "*suspance*"!...

C'è veramente tanto di notevole sulle Isole Eolie, che merita essere evidenziato. Certamente molti sapranno molto di ciò che sto per riassumere e molte più cose esistono. Che valga come una panoramica e che serva come invito ad alcune riflessioni.

Le 7 Isole Eolie: Lipari, Vulcano, Panarea, Stromboli, Salina, Filicudi, Alicudi... già il 7 è un numero particolarmente pieno di significato e che inspira simpatia: i 7 giorni della settimana, i 7 colori dell'arcobaleno, i 7 peccati capitali, il detto che "i gatti hanno 7 vite"... mostrando come si considera "particolare" il 7... e se si chiede di scegliere una cifra a caso, il 7 è statisticamente la più scelta.

Dicevamo che 7 sono le Eolie. Però in realtà c'è abbastanza da chiarire. Se le consideriamo come Isole, cioè come porzioni di terra emergente e circondata dal mare, certamente sono 7, però, se le consideriamo come formazioni vulcaniche attive e non, che si raggruppano in una struttura geologica che si chiama "Cintura di fuoco", sono molte di più. Le 7 Isole Eolie, semplicemente sono le uniche che riescono ad emergere dal mare. E se consideriamo che la base del fondo del Mar Tirreno arriva a 3.800 metri sotto il livello del mare, scopriamo con sorpresa che l'isola di Salina che è la più alta di tutte, raggiungendo i 968 metri, ha solamente avuto la sfortuna di avere una base tanto in profonditá, altrimenti avrebbe raggiunto altezze del tutto paragonabili a quelle del Monte Bianco, la montagna più alta d'Europa.

Il vulcano Stromboli attualmente raggiunge un'altezza di circa 800 metri (sempre può variare un poco) e quindi si potrebbe fare un ragionamento del tutto analogo e risulterebbe ben più alto dell'Etna, nella vicina Sicilia, con i suoi 3322 metri circa (anche l'Etna varia un poco). Però, in questo caso diciamo "risulterebbe" in quanto anche l'Etna, pur se da un lato si collega alle terre emerse della Sicilia, di cui ne fa parte, dall'altro lato sorge dai fondali del Mar Ionio... ed il Mar Ionio marca il record di profondità del Mediterraneo arrivando a superare i -5.000 metri.

Prendiamo per esempio, un normale bastone di scopa. Non so quanto è lungo, non lo ho misurato. Approssimativamente direi che potrebbe essere 1 metro e 30 cm. Se questo bastone lo immergiamo in verticale in una piscina con un metro di acqua, 30 cm ne rimarranno emergenti, però nessuno si sognerà di pensare che la sua altezza ora è di soli 30 cm e neanche sogneremo di pensare che sia più corto dell'altro bastone di scopa identico che nello stesso momento si sta usando per scopare i bordi della piscina. Unica differenza è che uno arriva più in alto dell'altro, solo perché appoggia su di una base che si trova più in alto. Se questo concetto vale per il bastone di scopa, ovvio che valdrá ugualmente anche per le montagne e vulcani.

Sapete qual è la montagna (o vulcano) più alto della Terra? Quello che arriva più in alto lo sanno tutti: è l'Everest che raggiunge gli 8.844,43 metri[2]. Invece il Manua Kea en Hawaii, pur raggiungendo solo i 4.205 metri di altezza, però misurato dalla sua base, nel fondo dell'oceano a circa -6.000 metri, misura 10.203 metri e

---

[2] Questi dati derivano dall'ultima più precisa misurazione realizzata nel 2005. Si tratta dell'altezza della roccia alla quale si devono sommare circa 3,5 metri di ghiaccio (quindi per un totale di 8.848m) più il fatto che l'Everest sembrerebbe ancora in crescita con una velocità media di circa 4 millimetri all'anno, viaggiando ad una velocita tra i 3 ed i 6 mm verso Nord-Est.

sarebbe realmente la montagna terrestre più alta di tutte... solo che ha avuto la sfortuna di nascere a -6.000 metri.

Quindi lo Stromboli potrebbe essere il vulcano più alto d'Europa... forse che sì, forse che no, per tutto quanto detto. L'Etna, per quanto relativamente vicino allo Stromboli, è un vulcano con caratteristiche opposte e di questo ne accennerò un poco più avanti. Questo fa che l'Etna è molto più esteso e quindi nel complesso, più grande, dello Stromboli, la cui parte emergente più o meno entrerebbe per intero nel grande cratere centrale dell'Etna.

Insomma uno di questi due sembrerebbe il vulcano più grande d'Europa. Invece qui ci sono ben due grandi sorprese! Una è che questo sarebbe vero, solamente se prendiamo in considerazione l'Europa continentale. Infatti una delle isole Canarie, che appartengono alla Spagna (quindi europee) é Tenerife, che è costituita dal vulcano Teide che raggiunge i 3.718 metri, quindi ben più alto dell'Etna, Per di più la sua base ha la "sfortuna" di trovarsi nel fondale oceanico a circa 3.300 metri di profondità, così che la sua reale altezza supera i 7.000 metri e questo lo fa il 3° vulcano della Terra, dopo il già menzionato Mauna Kea e Manua Loa, entrambi nelle Hawaii.

Non ci sono scuse, ricordatevi del bastone di scopa nella piscina!

Bene, questa è una sorpresa, però ho appena detto che le sorprese sono due.

Il vulcano europeo ed anche totalmente italiano "MARSILI" un signor vulcano pienamente attivo è alto 3.200 metri, quindi un poco meno dell'Etna, però è veramente molto esteso, circa 65 x 35 Km, battendo decisamente l'Etna per estensione e volume.

É la prima volta che lo sentite? É possibile, è realmente molto poco conosciuto! Dove diavolo si trova? Effettivamente quasi nessuno lo ha visto ed è stato scoperto solo negli anni '20 del secolo passato.

Come è possibile? Dov'è il trucco? ... No! Nessun trucco!... allora qual è la spiegazione? La spiegazione è proprio il dove si trova.

Fa parte di questa "Cintura di Fuoco" a cui appartengono le Isole Eolie ed è l'elemento più grande e forse importante. Si trova allineato con l'arco eoliano più a Nord dello Stromboli.

La sua sfortuna è che la base nasce nel fondo del Tirreno che si può calcolare a 3.800 metri sott'acqua, così che i suoi pur considerevoli 3.200 metri di altezza fan si che la cima rimanga 505 metri più sotto della superficie del mare... così che nessuno lo ha mai visto a parte le recenti visite dei pochi sottomarini scientifici e sondaggi per onde ultrasoniche che possono farci conoscere le sue forme e dimensioni.

É un signor vulcano in attività, forse il signore dei signori e fa parte del cuore di questa "Cintura di Fuoco" del Tirreno che ha caratteristiche tanto incredibili che gli stessi scienziati ne rimasero sorpresi. Tutte le altre cinture di Fuoco del pianeta, anche più famose, come quella del Pacifico, delle isole del Giappone, ecc. avrebbero tutte le ragioni di invidiarla... lo vedremo tra poco. Siamo solo nel mezzo dell'Oceano Tirrenico... "Oceano"? ... Sì proprio così! Il fondale del Tirreno è un "Signor" fondale Oceanico con una crosta che ci separa dal magma, molto sottile, di soli 10 Km e quindi grandissimi flussi termici e fenomeni di spostamenti e sollevamenti importanti. Ed il Marsili sta nel centro di tutto questo.

Fenomeni di vulcanismo secondario sono costantemente presenti e non si sa bene con quale frequenza però certamente frequenti sono anche i fenomeni primari (eruzioni). Queste possono passare non percepite alla superficie, ma anche potrebbero creare fenomeni parossistici estremi potendo generare anche terremoti importanti, crolli e movimenti notevoli che a loro volta potrebbero anche generare tsunami. Pur se non frequenti, esistono testimonianze di danni provocati da fenomeni simili, anteriormente rimasti con spiegazioni insufficienti proprio per il fatto che non si conosceva il Marsili ed altri vulcani. Invece per esempio si sa che l'Etna, 8.000 anni fa causò un Tsunami per un crollo di un intero suo versante nel mare, con onde che avrebbero raggiunto i 40 metri di altezza e potrebbero avere distrutto alcune prime antiche civilizzazioni nell'Ionio, spiegando magari leggende come quella di Atlantide.

Nelle zone tanto attive dei fondali oceanici si hanno fratture lungo le quali si ha una risalita del magma che si trasforma in roccia che va generando nuovo fondale oceanico. Forse più famosa è la dorsale medio atlantica che generando nuovo fondo oceanico fa allontanare le Americhe dall'Europa ed Africa, che circa 200 milioni di anni fa erano unite in un solo grande continente chiamato Pangea. Ora è da circa un milione di anni (o forse due) che il Tirreno si sta "oceanizzando". No è detto che agli altri estremi, le terre si allontanino alla stessa velocità, anche se il fondo oceanico esercita una pressione che favorisce questo allontanamento, in quanto può essere contrastato da altre forze. Il fondale oceanico può tornare a sprofondare con una dinamica simile a quella di una cinta trasportatrice. Le terre sottoposte a queste spinte, si arrugano e in questo caso abbiamo la nascita degli Appennini ed anche delle montagne lungo la costa nord della Sicilia... Non parliamo di grandissime montagne... ancora... però é da solo circa uno o due milioni di anni e non da 200 milioni, come il caso dell'Atlantico... Senza dimenticare che anche le Alpi sono cresciute e forse stanno crescendo per l'arrugarsi dovuto allo scontro di due o più parti, meglio definite come "zolle" che possono essere oceaniche o continentali.

Ma in tutto questo c'è una cosa straordinaria. La velocità di crescita dei fondali oceanici è sempre di pochi centimetri all'anno. Nel caso dell'Atlantico è di circa 4 cm/anno, e la più veloce conosciuta era quella del Bacino delle Isole Cocco, nel Pacifico che raggiunge i 12 cm per anno... fino a quando non si misurò la velocità di "oceanizzazione" del nostro mar Tirreno. É questo che á lasciato stupiti gli scienziati: 20 cm per anno! Di gran lunga la maggiore velocità registrata in tutto il pianeta.

Le meraviglie non finiscono qui. Più vicino alla Sardegna, c'é un altro vulcano sommerso gigante che supera i 3.000 metri: il Magnaghi. Più vecchio degli altri, con 6 o 7 milioni di anni sarebbe meno attivo. A metà strada esiste un altro vulcano sicuramente attivo, alto "solamente" 2.800 m, che forse anche è stato causa di Tusnami per crolli di suoi versanti: il Vavilov.

Comunque non dimentichiamoci del Palinuro, anche lui poten-zialmente pericoloso e tutta una serie di altri vulcani tutti sommersi tra attivi e non... che completano questo "arco" delle Isole Eolie che, come si vede, adesso non sono più solamente sette!

Alcuni nomi? Si possono vedere anche nella cartina allegata: Glabro, Alcione, Lametini, Eolo, Enarete, Sisifo, Prometeo, Glauco... ed altri ancora... senza dimenticarci di Ustica. Insomma un signor "Arco Insulare"! ...

Devo evidenziare ancora una meraviglia che considero importante, anche se devo fare un altro accenno geologico.

Tutta la crosta terrestre si compone di "zolle" oceaniche, che derivano direttamente dal magma sottostante, e di "zolle" continentali, che formano i continenti e letteralmente galleggiano sulle altre essendo costituite di rocce meno pesanti, che derivano da una differenziazione nei processi di raffreddamento del magma, ove gli elementi meno pesanti tendono a galleggiare. La roccia madre del primo caso è il basalto, anche se con innumerevoli variazioni, comunque sempre privo o quasi di ossido di silicio (in forma molto semplice direi "quarzo"). Mentre il "Quarzo" che è più leggero e quindi tende a galleggiare, forma un componente essenziale delle zolle continentali.

Dico questo perché le caratteristiche dei magmi "Continentali", con ossido di silicio (che si definiscono "acidi") sono ben diverse da quelle dei magmi "Oceanici" o Basaltici (detti anche "Basici").

Normalmente i magmi continentali con molta silice sono molto viscosi. Ciò fa crescere i corrispondenti vulcani con versanti molto inclinati e le eruzioni possono essere più pericolose, perché facilmente posso tappare i condotti e permettere aumenti di pressioni fino a provocare esplosioni.

Invece i magmi Oceanici (Basaltici), sono molto fluidi e generano vulcani con versanti poco inclinati, che quindi si estendono per grandi estensioni. Le loro eruzioni sono molto più fluide e raramente esplosive, cosi da risultare molto meno pericolosi per l'uomo, per lo meno per la sua vita, anche se possono fare grande distruzioni ad opere fisse se investite da una colata.

Le cose sono più complesse di quanto semplicemente detto. Per esempio altri elementi possono contribuire a complicare le cose, come nel caso dell'aprirsi di una fessura sottomarina, così da permettere la penetrazione di importanti quantità d'acqua, che poi trasformandosi in vapore, può generare pressioni tali da provocare le più grandi esplosioni conosciute.

Questa zona del centro del Mediterraneo é piena di vulcani, non solo l'Etna, il Vesuvio, Lo Stromboli e Vulcano. Questi ultimi, a parte il Vesuvio, che in qualunque momento potrà sfogare in forma esplosiva le energie che va accumulando mentre si riposa, (Ricordiamoci di Pompei ed Ercolano) gli altri hanno una particolaritá in comune a molto pochi altri vulcani al mondo: sono sempre attivi!

E questo anche se, pur essendo tanto vicini tra di oro, sono tanto differenti, perfino opposti e sembra che nulla abbiano a che vedere l'uno con l'altro.

Etna

Stromboli

Così che i più "Continentali" dei vulcani, incredibile a dirsi, sono proprio Stromboli e Vulcano sperduti nel bel mezzo di quello che ho definito "oceano" tirrenico. Mentre un vulcano totalmente Oceanico, con rocce ben basaltiche è l'Etna. Osservate la differenza delle loro forme a conferma di quanto appena detto. Le eruzioni dell'Etna sono colate e perfino è possibile avvicinarsi senza pericolo fino a quando se ne possa sopportare il calore... non è la stessa cosa per gli altri.

... E, sorpresa, i "Giganti" sommersi e quasi sconosciuti, di cui ho appena parlato, un poco più a Nord delle "continentali" Isole Eolie, quindi dall'altro lato dell'Etna, sono nuovamente "Oceanici" in piena regola, nel cuore di questo giovane fondale oceanico, che sarebbe il più attivo del Pianeta.

Bene, forse mi sono allontanato un poco troppo dalle Lucertole delle Eolie, però ho pensato che valesse la pena evidenziare valori e particolarità poco conosciute di queste isole.

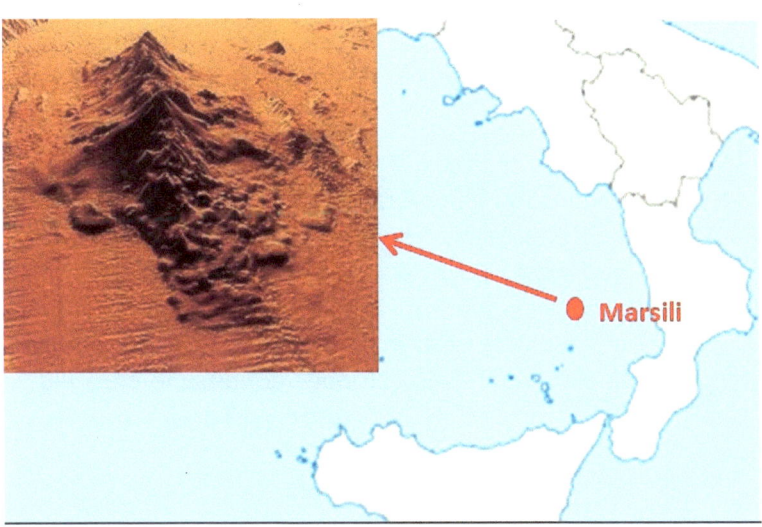

Marsili

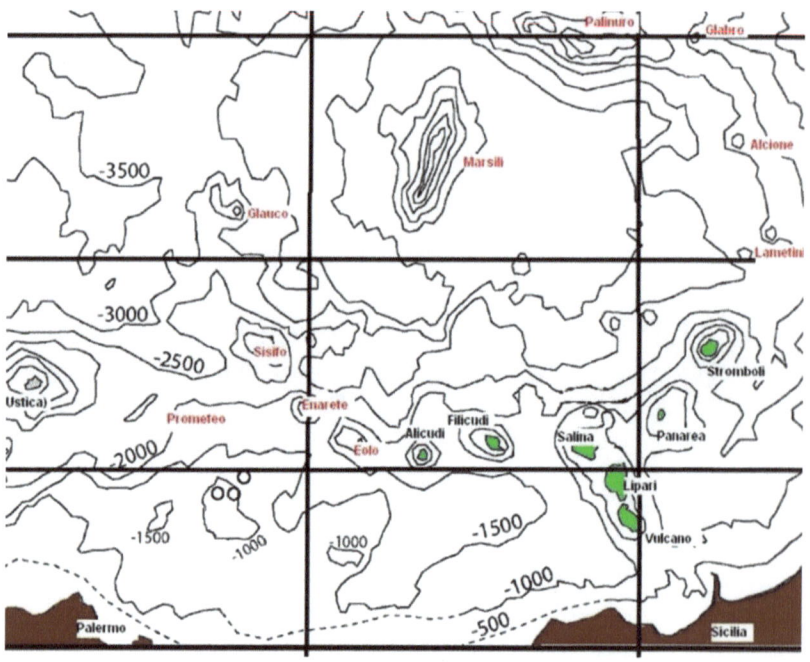

Permettetemi ancora un poco di presentazione che credo queste Isole si meritano, per finalmente svelare il mistero che sto raccontando.

Abbiamo detto che sono 7 se lasciamo da parte tutte le altre ancora "non isole" che ne fanno parte e che poco conosciamo. Cerco di differenziarmi dalle più classiche descrizioni delle pubblicazioni turistiche, per evidenziare qualche punto particolare di ciascuna di esse, soprattutto rispetto agli aspetti naturali. Mi scuso per qualche estrema semplificazione scientifica che potrebbe sfiorare la "imprecisione" ed iniziamo dalla più vicina alla Sicilia:

VULCANO:

A circa 20 Km dalla costa siciliana ed a 750 metri dall'isola se- guente: Lipari. 21 km quadrati. I 715 abitanti (nel 2001), vengono chiamati vulcanari.

Nell'antichità venne chiamata *Therasia* (Θηρασία), poi *Hiera* (Ἱερά), perché sacra al dio Vulcano, da dove poi il suo nome attuale.

L'isola è formata dalla fusione di più vulcani, alcuni attivi, e raggiunge i 500 m.

Come anche per l'Isola di Stromboli, il vulcanismo è molto acido. Ciò significa che le lave sono molto ricche di ossido di silice. Questo in forma cristallina è il Quarzo, che è un componente, come già detto, essenziale delle rocce "Continentali" di cui i graniti sono i primi.

Però, (altro breve concetto scientifico... scusatemi) un composto chimico quando dallo stato fuso solidifica, può cristallizzare solo se ciò avviene lentamente ed in condizioni di tranquillità (a parte di altri fattori). Cosi che le rocce con cristalli come le granitiche, sono tali perché raffreddatesi lentamente, quindi in profondità ed in calma. Invece quando lo stesso magna, viene condotto violentemente in superficie ed altrettanto rapidamente si raffredda al contatto dell'aria (o peggio sott'acqua), non è possibile la formazione di cristalli. Da ciò si capisce che una stessa composizione chimica, può dare origine a differenti cose... e non solo due... ma varie.

Nel caso delle rocce "Continentali" o "Acide" fondamentale è l'ossido di silicio che cristallizzando dà il Quarzo, a volte con bellissimi cristalli. Quando invece si raffredda rapidamente alla superficie, si solidifica formando un vetro. Il vetro non è una invenzione umana, già la Natura lo fa in questo modo, colorandolo a seconda delle impurità che contenga, generalmente di colore oscuro fino a nero, il colore più frequente nelle Eolie. Questo vetro vulcanico non è altro che l'Ossidiana.

Ma non é finita qui. A volte il magma "aspirante ad ossidiana" si trova mescolato con abbondanti gas, magari di vapor d'acqua che complica di molto le cose e, tra l'altro, può trasformarne parti in spuma, che raffreddandosi rapidamente solidifica, mantenendo questa struttura spugnosa. Ecco che ne vien fuori la Pietra Pomice.

Granito (O meglio "quarzite"), Ossidiana e Pomice, quindi sono la stessa cosa, con storie diverse. É facile trovare la pomice sopra l'ossidiana, come una qualunque spuma sopra il suo liquido.

L'ossidiana è realmente un vetro ed è logico che l'uomo preistorico si sia affrettato ad usarla come arnese da taglio (e molto efficiente!!!) e forse questa deve essere stata una delle principali ragioni dell'arrivo dell'uomo in queste isole forse 10.000 anni fa o poco più.

La pietra pomice è un eccellente abrasivo, essendo l'ossido di silicio che la costituisce molto duro (come il vetro) e, come altro dato di curiosità, è l'unica roccia naturale più leggera dell'acqua e che quindi vi galleggia. É facile trovare galleggianti nel Tirreno pietrine di pomice, trasportate dalle correnti. Frequentemente approdano nella costa nord della Sicilia e forse questo potrebbe avere affrettato l'interesse per queste isole dell'uomo preistorico arrivato in Sicilia.

Ho accennato tutto ciò perché questo è il magma eruttato dai vulcani di Vulcano e presente nella vicina isola di Lipari, ove non si considera che vi siano più vulcani attivi, ma qualcuno potrebbe anche svegliarsi. Qui è esistita ed esiste una attività estrattiva di ossidiana e pomice per uso commerciale ed industriale.

Una delle ultime importanti colate di ossidiana è avvenuta nel 1771 e l'ultima vera eruzione è avvenuta nel 1888-1890. Il tempo passato, geologicamente è "Niente", cioè il vulcano è pienamente attivo. A riprova la attività vulcanica "secondaria", continua nella attualità ad essere molto intensa: molte solfatare, frequenti eruzioni generalmente esplosive (ricordarsi quanto detto sul tipo di eruzioni rispetto al tipo di vulcano), comunque all'interno del cratere che si tappa ed esplode ciclicamente.

Ancora importanti sono getti di vapore sia sulla cresta che sottomarini, alcuni vicino alla superficie che rendono porzioni di spiagge con acqua che raggiunge il punto di ebollizione, ove, avvicinandosi progressivamente ognuno può scegliere la temperatura che più gli piaccia... fino a poter cuocere la pasta se vuole (con il sale compreso); ed ancora fanghi sulfurei dalle apprezzate proprietà terapeutiche. Le numerose fumarole continuano ad emettere acido borico, cloruro di ammonio, zolfo, che alimentano un complesso industriale per la produzione di zolfo.

Un possibile "risveglio" di Vulcano che non si sa quando però quasi sicuramente avverrà e che nella attualità per nulla sta "dormendo", potrebbe essere molto pericoloso per chi si trovasse sull'isola, sia per la bassa quota del cratere, sia per il già menzionato tipo di eruzione che ci si deve aspettare.

LIPARI

É la più grande delle Eolie (Che anche si chiamano "Isole Lipari"), ubicata praticamente al centro dell'arcipelago. Ad eccezione di Salina, nella quale amministrativamente vi sono tre comuni indi- pendenti, tutte le Isole Eolie, fanno parte del Comune di Lipari. In 37,6 km² si contano circa 10.700 abitanti.

In antichità era già nota col nome *Lipari* (Λιπάρα, da λιπαρός in greco antico che significa grasso, untuoso, e per estensione brillante, ricco e fertile). Pure in antico, fu chiamata *Milogonide* o *Meligunide* (*Milogonis* o *Meligunis*, Μελιγουνίς).

Lipari raggiunge i 602 metri s.l.m. Le rocce più antiche hanno un'età di 223.000 anni, quelle più giovani risalgono al VI secolo dopo Cristo. Quest'ultima fase sottolinea che da un punto di vista vulcanologico, Lipari deve considerarsi ancora un vulcano attivo, anche se attualmente le uniche testimonianze di attività sono rappresentate da fumarole e sorgenti termali.

Durante il Neolitico le isole Eolie conobbero un periodo di floridissima civiltà la cui fonte fu proprio lo sfruttamento dell'ossidiana cioè di quel "vetro" vulcanico già presentato. Assai più tagliente che la selce, anche se meno lavorabile di questa ultima, era molto ricercato prima che si sviluppasse la tecnologia dei metalli. Era lavorata nei villaggi e nelle capanne sparse un po' ovunque, ridotta a lame regolari molto taglienti ed era larga- mente esportata non solo verso la Sicilia e l'Italia meridionale ma probabilmente anche verso regioni molto più lontane del Mediterraneo centrale ed occidentale.

SALINA

Misura 26,8 km² ed è la seconda per estensione e per popolazione dopo Lipari. È divisa in tre comuni: Santa Marina, Malfa e Leni e con circa 2.300 abitanti.

Formata da sei antichi vulcani, di cui il monte "Fossa delle Felci", con 961 m è il punto più alto delle Eolie. Da questi vulcani spenti deriva il suo antico nome greco antico Διδύμη *Didyme*, (da δίδυμος, "gemello"). L'attuale nome deriva invece da un laghetto dal quale si estraeva il sale.

É l'isola più fertile delle Eolie e ricca d'acqua; si coltivano uve pregiate da cui si ricava la "Malvasia delle Lipari", un vino di sapore dolce e capperi, esportati in tutto il mondo.

Nel 1980 è stato istituito il parco regionale di Salina e nel 1981 la riserva naturale dei due monti.

PANAREA

É la più piccola (3,4 km²) e la meno elevata raggiungendo i 421 metri. Con gli isolotti di Basiluzzo, Spinazzola, Lisca Bianca, Dattilo, Bottaro, Lisca Nera e gli scogli dei Panarelli e delle Formiche, forma un piccolo arcipelago fra Lipari e l'isola di Stromboli posto su un unico basamento sottomarino.

L'approdo più importante e scalo commerciale e turistico è nella località San Pietro, la principale contrada dove si concentra l'odierno abitato. Le altre contrade sono Ditella (o Iditella) a nord-est e Drautto, a sud-ovest.

Nell'antichità si ritrovano diversi nomi greci per Panarea: **Evonymos**, *Εὐώνυμος* (di buon nome, prospera, però pure che sta a sinistra (cioè come i cattivi presagi) andando da Lipari verso la Sicilia) e **Icesia**, *Ἰκεσία* (la supplice). Poi, nella Cosmografia ravennate si legge il nome **Pagnarea**, quindi poi *Panarea*.

Geologicamente è la più antica delle isole. Attualmente rimangono i resti del o dei coni vulcanici anteriori che, così formano una costa particolarmente frastagliata, a volte con piccole insenature ove si sono formate piccole spiagge circondate dalle rocce verticali. Il tutto crea un paesaggio particolarmente suggestivo.

Ugualmente anche qui permangono resti di attività vulcanica secondaria che in alcuni punti arrivano a fare bollire l'acqua del mare.

STROMBOLI

Il suo nome proviene dal greco antico Στρογγύλη, cioè "rotondo", dato alla montagna per la sua forma. In siciliano per "strumbulu" s'intende la "trottola".

Anticamente era considerato il *"Faro"* del Tirreno, perché essendo costantemente in eruzione, risulta particolarmente visibile a molta distanza sia di giorno, come di notte e serviva come guida agli antichi naviganti.

Oggi i principali borghi abitati sono *San Vincenzo* (o semplicemente il *paese di Stromboli*), mentre a sudovest nel versante opposto del vulcano, si trova *Ginostra* dove d'inverno restano circa 30 o 40 abitanti e dove l'unico mezzo di trasporto è il mulo ed è raggiungibile solamente dal mare, non esistendo strade che la comunichino con il centro principale dall'altro lato dell'isola, per il fatto che periodicamente i versanti del vulcano sono interessati da colate laviche che possono raggiungere il mare.

Lo Stromboli è uno dei vulcani più attivi del mondo, le sue eruzioni avvengono in media ogni ora.

Gli strombolani lo chiamano "Struògnoli". Ma quando è più attivo e spaventa può capitare di sentirlo chiamare *"Iddu"*, "Lui", come se riaffiorasse la memoria della natura divina che un tempo era riconosciuta ai fenomeni naturali incontrollabili.

A Stromboli c'è una scuola elementare e media per i pochi ragazzi abitanti dell'isola.

L'attività "ordinaria" di Stromboli ha luogo ad una quota di 750 m s.l.m. dai tre crateri allineati in direzione NE-SW all'interno della depressione della Sciara del Fuoco. Consiste in esplosioni intermittenti di media energia, della durata di pochi secondi ad intervalli di 10-20 m durante le quali vengono emesse piccole quantità di bombe scoriacee incandescenti, lapilli, cenere e blocchi con velocità di uscita compresa tra 20 a 120 metri al secondo ed altezze comprese tra poche decine fino ad alcune centinaia di metri.

Durante i periodi di attività normale è possibile salire a piedi fino al bordo del (o dei) cratere. É meglio farsi accompagnare dalle guide locali (a meno di non avere una buona esperienza) anche se in realtà l'escursione, rispettando i normali criteri prudenziali, non offre particolari pericoli seguendo il sentiero (il punto è proprio che per conoscere questi "normali criteri prudenziali" occorre possedere la menzionata esperienza).

É fortemente consigliabile, in estate, partire a pomeriggio inoltrato per evitare il forte caldo, calcolando il tempo giusto per arrivare al bordo del cratere all'inizio della notte. É comunque importante portarsi lampadine tascabili ed ancor meglio con luna piena. Importante anche avere abbondante acqua da bere.

Sul bordo del cratere si passerà la notte a prudenziale distanza dalle eruzioni che comunque offriranno uno spettacolo indimenticabile che vale la pena osservare tutta la notte. La distanza migliore sarà quella ove si trova un suolo ad una temperatura che sia gradevole per contrastare il fresco della notte a circa 900 metri di altezza. Opportuno portarsi per prudenza almeno un telo protettivo super leggero specifico per alpinismo, anche se poi magari non si userà. Nei periodi normali mai si sarà soli, così che il punto più sicuro rimane quello ove si fermano tutti. É consigliabile scendere all'alba, così da evitare il forte calore del sole... ed arrivando all'altezza del mare ... continuare la discesa con un bel tuffo rinfrescante (sempre che si sappia nuotare).

L'attività normale può essere periodicamente interrotta da esplosioni discrete di maggiore energia dette "esplosioni maggiori". Questi eventi consistono di brevi ma violente esplosioni durante le quali vengono prodotti lanci balistici di blocchi e bombe di dimensioni anche metriche a distanze anche di alcune centinaia di metri associati a piogge di lapilli e cenere; la distribuzione dei prodotti è solitamente confinata all'interno dell'area craterica. Sono distribuite non omogeneamente nel tempo, ma si tratta mediamente di 2,1 eventi ogni anno.

Le eruzioni più violente accadute in tempi storici risalgono al 1919 e al 1930, ed entrambe (pare) furono causate da grandi infiltrazioni d'acqua marina nel camino vulcanico: l'acqua, a contatto con il magma, avrebbe causato violente esplosioni con grande emissione di vapori e scorie, accompagnate da violenti terremoti. Per la prima e finora unica volta nella storia del vulcano, delle colate laviche si riversarono anche al di fuori della Sciara del Fuoco, arrivando a lambire i centri abitati, causando ingenti danni e numerose vittime, e causando un piccolo tsunami che generò un'onda di 2-3 m che arrivò a far danni fino a Capo Vaticano, in Calabria.

Nell'ultimo secolo sono riportati circa 26 episodi durante i quali si sono avute emissioni laviche. La morfologia del vulcano obbliga le colate a riversarsi sul versante nord-occidentale, dove sono confinate all'interno della Sciara di Fuoco e quindi non rappresentano un pericolo per la popolazione, pur se possono raggiungere il mare.

FILICUDI

Con un'estensione di 9,7 km² vi si trovano due località abitate: *Filicudi Porto* e *Pecorini a Mare*. Anticamente era nota come *Phoenicusa*, dal greco antico Φοινικοῦσσα (ricca di felci), oppure Φοινικώδης. Filicudi (chiamata *Phoenicusa* dai Romani) significa proprio "ricco di felci", dove per felce si intende una palma nana che cresceva abbondante e rigogliosa nell'isola. Essa è la Chamaerops humilis, ancora presente sulle alture dell'isola, a *Montagnola* ed a *Fossa Felci*.

É formata da ben 8 vulcani, tutti spenti. Il principale, Fossa Felci, raggiunge i 774 metri e gli altri sono quasi solamente resti per essere fortemente corrosi dall'erosione.

Vi vivono circa 200 persone, che si denominano Filicudari, che in estate arrivano a circa 3.000. L'acqua dolce è trasportata da navi cisterna, soprattutto per il periodo estivo, con tanta gente e senza piogge, mentre sarebbe sufficiente quella dell'isola per i filicudari durante l'inverno.

Filicudi è sotto la protezione dell'Unesco in quanto patrimonio dell'Umanità. È stato creato un parco regionale in parte dell'isola.

... si, si quest'ultima frase la ho scritta in neretto e sottolineata! Perché? Bene questo credo proprio che tiene a che vedere sia con le "felci", in realtà "Palme nane" specifiche e molto con la storia che sto raccontando, ... manca poco per svelare il mistero!

ALICUDI

Ha una estensione di 5,2 km. Gli abitanti vengono chiamati Arcudari.

Anticamente era nota come **Ericusa**, dal greco antico Ἐρικοῦσα (ricca di erica).

É la più occidentale dell'arcipelago eoliano. È dominata dal monte Filo dell'Arpa, un vulcano spento, quasi perfettamente circolare, di 5 km², con coste scoscese e ripide che costituisce la parte emersa, che raggiunge i 675 mt s.l.m. È abitata solo sul versante orientale, quello digradante in modo meno aspro verso il mare. L'unico centro abitato dell'isola è chiamato anch'esso Alicudi e si divide in cinque piccole frazioni:

- *Alicudi porto*, che caratterizza per la presenza del molo sul quale attraccano traghetti ed aliscafi, due negozi di alimentari (gli unici due presenti sull'isola) e l'ufficio postale (ad Alicudi non ci sono né banche né bancomat).

- *Contrada Tonna*, che costituisce la frazione più ad ovest dell'isola.

- *San Bartolo*, che si trova salendo dal porto ad una altezza di clrca 330 metri ed è caratterizzata dalla presenza della chiesa dedicata a San Bartolo, patrono delle isole Eolie.

- *Contrada Pianicello*, che si trova alla stessa altezza di S. Bartolo, ma più ad ovest ed è abitata da una popolazione di madrelingua tedesca originaria della Svizzera. Questa piccola frazione utilizza l'energia elettrica fornita dagli impianti fotovoltaici e l'acqua piovana raccolta sfruttando gli antichi serbatoi delle case. La gran parte degli abitanti ha inoltre ripreso a coltivare alcune colture tradizionali come la vite e l'olivo.

- *Contrada Sgurbio*, che si trova alla stessa altezza di S. Bartolo, ma sul lato Est dell'isola. Questa piccolissima frazione è composta da cinque case, ognuna delle quali ha il nome di uno dei sensi.

L'isola delle eriche nel dopoguerra era abitata da oltre 600 persone, in gran parte emigrate in Australia nel corso dei successivi decenni. Attualmente la popolazione conta circa 100 abitanti

Il mare è accessibile solamente tramite scogli o spiaggette di sassi. Risalendo invece le ripide mulattiere, ci si immerge nei mille colori offerti da agavi, fichi d'india, capperi in fiore, bouganville rosse, rosa, viola, arancio e, naturalmente, eriche.

Nella zona più alta dell'isola, Filo dell'Arpa, il paesaggio cambia profondamente rispetto alle zone marittima, le piante di ulivo e di fico d'india, molto diffuse fino ai 300 metri, cedono il posto a felci, alberi di castagno e tigli.

BENE, BENE,..

mi sono un poco perso in alto mare... o meglio in alto "Oceano" Tirreno... con la intenzione, se qualcuno è riuscito a seguirmi fino a qui, di tenere una visione più completa ed esatta di queste nostre Isole Eolie. Adesso resta realmente di svelare quest'ultimo mistero delle Lucertole delle Eolie cha sono prese come simbolo.

Vediamo un po', quali sono i principali anelli della catena che ora si devono unire insieme.

➢ Le Isole Eolie hanno preso come proprio simbolo la lucertola;

➢ Il sottoscritto, ormai da tanti anni in giro per il mondo ed in Sud America, che ha dedicato praticamente tutta la vita alla geologia e miniere in giro per il mondo, afferma che è il responsabile del fatto;

➢ Effettivamente sono nato in Sicilia e mi sono messo sempre davanti a tutti per tutte le attività che avessero a che fare con la Natura anche affrontando lo sconosciuto.

➢ Ho già ammesso che ho anche frequentato le Eolie;

➤ A Macugnaga, paese delle alte Alpi, le guide decisero di festeggiare il primo centenario della conquista del Monte Rosa, cercando qualcosa di significativo anche come simbolo di unione della Natura e dei popoli;

➤ Grazie ai contatti con noi, agli inizi degli anni '70, scelsero di festeggiare il loro anniversario con la scalata della "Canna", ancora totalmente vergine, con tutti i significati spiegati;

➤ Il sottoscritto con i più preparati del suo gruppo, all'altezza della situazione, ha ripetuto la scalata la seconda volta... ed è successo un qualcosa che gliela ha fatta ripetere successivamente per la terza ed ultima volta;

➤ A partire da questo momento più nessuno è tornato sulla Canna, ed anzi una parte dell'Isola di Filicudi, ed ovviamente la stessa Canna, come il "cuore del tutto", sono stati dichiarati Parco Regionale sotto la protezione della Unesco, come "Patrimonio Naturale della Umanità" e la stessa Canna è dichiarata "Riserva Integrale", il che significa che è vietato perfino approdarvi, solo la si può vedere da lontano.

Ebbene di tutto questo ho già raccontato che ne è venuto fuori l'uso della lucertola come simbolo delle Eolie. Che diavolo è successo? ... vediamo un po'.

Certamente l'arrampicata della Canna era una cosa più che originale ed entusiasmante. Una arrampica che inizia letteralmente dal mare e letteralmente finisce in mare, in quanto la discesa ovviamente la si fa in "corda doppia". Cioè si scivola giù con una particolare tecnica, lungo una corda messa in doppio (o meglio due unite insieme), per poterla poi recuperare dal basso, correndo in giù saltellando sulla parete verticale per non sbattervi od ancora meglio se nel vuoto e con una velocità tanto maggiore quanto maggiore è l'esperienza. Invece di fermarsi come normale, si poteva continuare questa discesa sotto il livello del mare con un bellissimo e rinfrescante tuffo ristoratore. ... Questo le Guide alpine non si sognarono di farlo, però noi si!

E poi come non visitare una terra vergine, tanto a portata di mano e prenderla come pretesto per delle bellissime vacanze... certo i nostri bagagli, pieni di corde, chiodi da roccia ed attrezzatura di alpinismo erano decisamente fuori del comune per questi posti, cosi come lo era ciò che volevamo fare.

Eravamo in 4; due cordate di 2, e molti di più il gruppetto degli amici, perché già di per sé la sola escursione era una delle più belle che si potesse fare.

Da Palermo a Milazzo, vicino a Messina, il principale posto di collegamenti con le Eolie e da lì in nave o aliscafo (non ricordo) alle isole e quindi a Filicudi. Questa prima volta i 4 alpinisti eravamo Roby Manfré ed io, i due "Capi cordata". Roby, più giovane di me, comunque era uno del gruppo dei 4 migliori dell'epoca. Affiatatissimi ed allenatissimi. Non era necessario parlare per intenderci. Uno capiva ciò che doveva fare per appoggiare l'altro, quando a turno uno faceva da primo di cordata e l'altro lo andava assicurando, semplicemente sentendo come era condotta la corda.

La Canna con nel fondo Filicudi. La linea rossa è il percorso di salita. Il circolo giallo in basso segnala la zona di approdo, mentre nella cima (Centro del circolo giallo), si può vedere la Madonnina di Macugnaga.

Questa volta del gruppo dei "4 capi cordata", eravamo solo noi due. Dopo tutto questa arrampicata della Canna, un poco meno di 100 metri e con roccia evidentemente abbastanza frastagliata, già da quel che si vedeva dalle foto, anche se totalmente verticale, non sembrava essere un qualcosa particolarmente impegnativo, almeno per l'allenamento e l'esperienza che tenevamo... ovvio comunque che non era per nulla per principianti. Dopo la scalata potemmo classificare nella via di salita, due passaggi di 5° grado (Il grado di difficoltà si classifica, o meglio si classificava in quei tempi, dal 1 il più facile, al 6°, il massimo... quindi, ripeto, più che rispettabile, ma nulla da fare paura a noi).

É doveroso ricordare che Roby pochi anni dopo rimase vittima di un incidente e non so bene cosa sia accaduto, perché io già mi trovavo al Nord.

Gli altri due della cordata erano Costantino Bonomo, un medico, più grande di me, però appassionatissimo. Un poco meno agile, però sufficiente. E Solange Bonomo sua figlia. Una ragazzina credo di 11 anni, molto agile, che comunque rimaneva sotto la nostra guida. La scalata era sufficientemente corta che non era di certo necessario alternarsi come capo cordata. Così che io ero il primo in assoluto ad avanzare. Il mio secondo di cordata era Solange. Questo perché così in realtà chi mi faceva sicurezza dal basso non era Solange, però Roby, che faceva il capocordata della seconda cordata. Una volta installatomi nel punto di sosta, veniva su Solange, seguita quasi a contatto dal Roby e mi costava ben poca fatica eventualmente aiutarla a venir su con la corda, mente le facevo sicurezza dall'alto. Poi Costantino, ultimo, aveva il compito di recuperare tutto quanto lasciato in parete, come moschettoni, chiodi, fettucce ed attrezzi per la salita. In discesa non ci serviva più nulla di tutto ciò, perché, come detto si "volava" giù lungo le corde doppie.

Accampatici nell'Isola di Filicudi, fu come un evento per gli isolani, con tutta quella strana attrezzatura che avevamo portato. Avevamo così affittato il servizio di un barcaiolo, poi diventato come un amico, che ci avrebbe trasportato con la sua classica barca di pescatori che con quel tipico motore diesel che da ben pochi colpi al secondo (tu, tu, tu, ...) entra perfino a far parte del ambiente. Queste barche hanno un lento procedere che sembra che non avanzino... però arrivano. Eravamo a nostro agio tanto sulla roccia, come nella barca e ciò facilitava le cose.

Il giorno prima della salita, facemmo una prima visita alla Canna per studiare la via. Già notammo che a poco più di metà vi era una comoda piazzola di sosta, poi rilevatasi ancora più grande di come sembrava e che la parte più difficile sembrava un lastrone apparentemente liscio giusto prima della crestina sommitale e così era.

L'altro punto più difficile era proprio l'approdo alla grande piazzola centrale, anche lui classificato di V° grado.

Il giorno della scalata, partenza alle prime luci, anche per ridurre le ore più calde. L'unico punto di sbarco è quello spuntoncino a livello del mare, con grandi difficoltà per evitare che le onde facessero sbattere la barca contro la roccia. Occorreva grande abilità sia del marinaio che nostra, sincronizzandoci con il flusso e riflusso. Non c'era molto spazio. Ci preparavamo per la arrampicata con tutta l'attrezzatura, praticamente con i piedi dentro l'acqua. Già stavamo se non battendo, per lo meno uguagliando un record: quello di una arrampicata con la partenza alla quota più bassa possibile... almeno in Europa... Probabilmente qualcuno avrà arrampicato in qualche sasso nel Mar Morto, a – 416,5 metri (il punto più basso della superficie terrestre allo scoperto).

Non faccio una descrizione dettagliata della salita, in quanto non ho intenzione di trasformare questo scritto in un noioso manuale di alpinismo, però si è il caso di accennare a qualche sorpresa più o meno degna di nota, incontrata durante la salita.

Innanzi tutto già iniziando la arrampicata ci è capitato di incontrarci con qualche lucertolina che aveva tutta l'aria di voler deridersi di noi, mostrandoci la sua abilità per correre su e giù per la roccia, anche a tetto, come se la gravità non esistesse. Niente di eccezionale. In tutta l'Italia meridionale, in tutta la Sicilia e pure nelle Isole queste lucertole sono comuni e, come già detto all'inizio, normalmente risultano simpatiche, in quanto sono pulite e non disturbano per nulla. Convivono con l'uomo, anche se scappano rapidissime ed è praticamente impossibile acchiapparle a meno di non usare qualche trappola.

In realtà il "convivere con l'uomo" in questo posto non si poteva dire, in quanto l'uomo non c'è, però loro sì. Ci si domanda come possono esserci arrivate. É facile pensare a frammenti di piante con loro a bordo, approdati sulla Canna. Nel correre dei tempi, qualche volta deve essere successo, ed una volta li, potrebbero avere iniziato a riprodursi. É probabile anche una spiegazione più "scientifica". Non dimentichiamoci che queste isole sono geologicamente giovanissime ed in continua evoluzione. Le più antiche hanno 4 o 5 milioni di anni, le più recenti anche meno di mezzo milione di anni, senza dimenticare che ve ne sono altre che si stanno preparando a nascere. Non solo questo. Una volta nate, si vanno trasformando, continuando a crescere o ridursi da un punto all'altro. Questi cambi sono quindi più recenti che la rispettiva data di nascita. Ora la zona di mare tra la Canna e Filicudi, non è molto profonda (alcune decine di metri) ed in pratica è tutta parte di Filicudi e potrebbe essere stata perfino, un antico cratere sprofondato, che poco tempo fa (sempre geologicamente) era tutto emerso ed unito alla Isola, permettendo un transito via terra, a quei tempi, non solo alle lucertole, ma a chiunque... meno che all'uomo, che sembrerebbe essere arrivato sulle isole solamente circa 10.000 anni fa... mentre le lucertole esistono sul pianeta Terra da alcuni milioni di anni!!!

Questa ultima versione potrebbe essere la più probabile, così che queste lucertole effettivamente non avrebbero mai visto l'uomo... approdato adesso nel loro territorio, come se fosse un extraterrestre.

Questo sì! A Filicudi e sulle altre isole le lucertole devono essere arrivate molto tempo fa come passeggere di qualche vegetale galleggiante.

Per il primo tratto della arrampicata, queste furono le sole scarse compagne. Poi arrivati alla già menzionata piazzola intermedia le cose cambiarono un poco. Alcuni punti meno verticali permettono l'esistenza di qualcos'altro. Perfino di qualche scarsa pianta come addirittura dei gerani fioriti. Gli stessi gerani che in certi altri paesi come nelle Alpi sono mantenuti con grandi cure grazie ai bei fiori che possono adornare balconi e finestre. Come siano arrivati lì è facilmente comprensibile pensando che i semi si pro- pagano lasciandosi trasportare dal vento. Ben più difficile è capire come può fare la pianta a rifornirsi dell'acqua di cui sicuramente ne ha bisogno, per lo meno nei mesi estivi. Probabilmente aiuta molto la stessa umidità dell'aria marina.

Altra sorpresa notevole (e rumorosa), fu l'esistenza di alcuni nidi dei Falchi della Regina, in realtà pochi, forse in totale quattro tra qui e la sommità. Gli adulti che iniziavano a strepitare e volare molto vicino a circolo, intorno al nido, impauriti per la nostra presenza, ed in atteggiamento di difesa dei loro piccoli pulcini, anche loro strepitanti nei nidi in atteggiamento di richiamo dei genitori. Il Falco della Regina è un "Signor" rapace e certamente ben difficile da osservare così come lo stavamo osservando. Avevamo pure preso, pur trattandolo con tutte le cure, un piccione, per osservarlo e poi rimesso nel suo nido. A parte l'aver ceduto a questo impulso troppo forte di carezzare un piccione di falco della Regina, abbiamo cercato di rendere meno traumatica possibile la nostra invasione alla loro casa, anche se certamente lo è stata. ... Mettetevi al posto di quei poveri Falchi. ... Dopo varie migliaia di anni, giusto a loro per la prima volta doveva succedere qualcosa del genere!!!

Le lucertole invece la pensavano in modo diverso. In questa zona con cenni di vegetali e con la compagnia dei Falchi, che con i residui di ciò che portavano al nido erano una delle fonti di apporto di un qualcosa che per loro poteva essere alimento, erano sensibilmente più numerose. Noi stessi in posizione più comoda, anche approfittando di qualche punto ove sederci e riposare abbiamo avuto modo di osservarle.

Si vede che è da tanto tempo che vivono in questo ambiente e che sono rimaste sempre isolate, invece di essere di tonalità verdi, sono molto scure, quasi nere, insomma dello stesso colore della roccia, così da essere meno visibili e meno facilmente preda di un qualche uccello predatore. Che comunque da quel che ci è sembrato, non era il Falco. Infatti gironzolavano tranquillamente anche nei loro nidi, con i piccioni dentro, certamente alla ricerca, come detto, di alcun residuo per loro utile.

Ma in realtà la cosa straordinaria, che in realtà mi avevano raccontato anche le guide di Macugnaga, anche loro rimaste meravigliate, è che non conoscendo l'uomo non ne hanno paura alcuna e, per di più, si mostrano piuttosto curiose, come volersi rendere conto delle cose sconosciute. Cosi che era sufficiente tenere una mano ferma appoggiata sulla roccia perché in poco tempo una di loro venisse a, in certo qual modo, leccare qualche dito per cercare di rendersi conto di che si trattasse. Così che è stato facile osservarle per bene. A parte il colore e l'insolito comportamento, le dita particolarmente lunghe, con piccole unghia, adattate per aderire nella roccia senza difficoltà. Anche la coda particolarmente lunga, rispetto al corpo. Probabilmente non si stacca come è nelle altre lucertole che la perdono come difesa per poi ricrescere, però più piccola della prima. Nessuna ha mostrato questo e noi non lo abbiamo provato. Non era necessario. Prenderle con le mani era molto facile. Perfino, spinta da tanta curiosità una di loro entrò da sola dentro un nostro zaino.

Il mio interesse per tutto ciò che fosse naturale, non solo geologia ed una certa mentalità già formata, mi fece trovare quello che pensai come il giusto equilibrio tra due situazioni opposte. Prenderle o non prenderle. Da un lato avevano tutto il diritto di continuare a vivere in pace sia perché gli invasori eravamo noi, sia perché la porzione del mondo destinata a loro era veramente molto, ma molto limitata. Dall'altro lato più la si osservavano, più mostravano caratteristiche degne di nota. Quello che considerammo come un accettabile equilibrio è stato di prenderne solamente 4, compresa quella che da sola entrò nello zaino, tenerle vive durante tutto il viaggio di ritorno, fino a casa nostra a Palermo, con acqua e mangiare ... e con la meraviglia di alcuni nella nave, durante il viaggio di ritorno, che osservavano con curiosità delle borsette di tela che si muovevano da sole.

Perché tutto questo? Per saperne di più, ed un poco anche sospettando che sarebbe stato interessante conoscerle. Non c'era posto migliore per dircelo che la facoltà di biologia della Università di Palermo, ove le consegnammo e già a prima vista ci confer-marono che effettivamente erano interessanti.

Ritornai dopo poco tempo per sapere sui risultati delle osservazioni. Desidero ricordare il mio nome: Sergio Cucchiara. Dico questo per il semplice fatto che quando ritornai, mi comunicarono che avevano deciso di chiamarle *PODARCIS SICULA*, con il nome di *CUCCHIARAI*!

Infatti secondo convenzioni scientifiche internazionali, agli animali, a parte quello che può essere un qualunque nome volgare, si dà sempre un nome scientifico in latino, che, nel caso di nuovi ritrovamenti, corrisponde al nome dello scopritore. In latino la lettera finale "I" significa "Di", cioè *CUCCHIARAI* significa in latino "DI CUCCHIARA" (a parte di ogni altra cosa, pur se non c'entra nulla, dirò che di tutto il latino che a suo tempo hanno tentato di farmi studiare a scuola, questo forse è l'unico che mi ricordo).

Certo ancora al tempo d'oggi ogni tanto nel mondo si fanno scoperte simili, però pensare di farne una di queste, e per un animale superiore, non per un insetto, in una Europa che certamente è tanto conosciuta e si crede che non ci sia più nulla da scoprire, è un qualcosa di notevole!

Due delle 4 lucertole (mi ricordo che casualmente erano 3 maschi ed 1 femmina od al contrario) rimasero nell'Università di Palermo. Una fu inviata al Britsch Museum di Londra ove si raccolgono tutti gli esemplari del mondo, ed una, non so perché, forse per essere molto importante oppure per particolari legami tra le due parti, fu inviata alla Università di Firenze. Si fecero pubblicazioni e ne parlarono riviste importanti, come "Airone".

Di Federico Muciaccia - https://commons.wikimedia.org/w/index.php?curid=15486145

... Uno o due anni dopo ritornai sulla Canna. Questa volta eravamo in 8. 4 cordate di due. Ritornammo con molta più attrezzatura e non solo perché eravamo 8, più un numeroso gruppo di amici che ci affiancavano solo per il piacere della escursione... Le cose troppo semplici sono facilmente monotone, così che questa volta la arrampicata si complicava un poco. Infatti eravamo li con la intenzione di girare un documentario che ripetesse la storia della nostra precedente salita e che allo stesso tempo mostrasse l'eccezionale paesaggio, la eccezionale arrampicata molto sui generis e la scoperta delle lucertole, con tutto l'ambiente, comprendendo i falchi ed i gerani.

Perché 4 cordate? Semplicemente perché nel documentario dovevano apparire due cordate di due, come era stato la prima volta. Non importa se le persone erano diverse. Non era un film alle persone. Io stesso non apparivo nel documentario perché facevo parte delle altre due cordate, che invece si incaricavano di fare tutte le riprese della scalata. Ciò in realtà significò che la scalata si fece più volte. Il giorno prima la si scalò per preparare la via ed i punti di ancoraggio fuori della via di salita per le riprese, in modo che di tutto questo non restasse nulla visibile nel film. E se una certa difficoltà aveva la via di salita, certo non era più semplice andarsi ad appendere in altri punti laterali al di fuori. Non era la prima volta che si facevano cose del genere. A quei tempi ancora non esistevano le riprese digitali e tutto si fece in pellicola super 8 con due delle migliori cineprese dell'epoca. Una rimase in mano dei nostri amici sistemati su un piccolo scoglio a metà tra Filicudi e la stessa Canna, per le riprese panoramiche della scalata, anche approfittando dello zoom mol- to potente che aveva.

Una volta tutto pronto, il giorno seguente due cordate salivano a lato e davanti alle cordate degli "attori" senza che nel film si vedessero, mentre le due cordate degli "attori" facevano la loro scalata ed erano filmati. Eccellenti furono le riprese alle lucertole, come pure ai falchi. Si è pure potuto filmare la simbiosi tra i falchi con i loro piccioni e le lucertole dentro il loro nido, come pure evidenziare la curiosità innata delle *CUCCHIARAI* che le portava a leccare le mani ferme sulla roccia.

Per necessità cinematografiche si catturarono, o meglio "si presero", due lucertole (sufficienti, lasciando in pace le altre) che si portarono nuovamente all'università, questa volta facendo anche lì, le corrispondenti riprese.

Questa è stata l'ultima salita alla Canna sia da parte nostra, come da parte di chiunque, senza permessi speciali per scopi scientifici, dato che si creò il parco di Filicudi, che comprende come zona di protezione integrale (cioè che non ci si può neanche andare), per l'appunto la Canna. Possiamo prendere la *PODARCIS SICULA CUCCHIARAI* come il simbolo dell'equilibrio delicatissimo della Natura. Pensate a quanti pochi individui possono vivere nella Canna e come possono essere sensibili a un minimo cambio un ambiente tanto limitato. Come tale fu presa per tutte le Eolie, per simboleggiare la necessità di proteggere l'ambiente.

ECCO SVELATO IL MISTERO!

SERGIO CUCCHIARA

NOTA:

Settembre2017: Durante la revisione finale, prima di pubblicare queste note, l'autore ha potuto verificare che nel frattempo studi più approfonditi della lucertola della Canna di Filicudi, che inizialmente fu classificata come *Podarcis sicula cucchiarai,* hanno potuto determinare che in realtà ha legami di parentela con la "sicula" più lontani di quelli creduti inizialmente, quando era considerata come una sottospecie della sicula.

Piuttosto adesso la lucertola delle Eolie, *Podarcis raffonei,* si considera come una specie separata. Purtroppo, probabilmente per colpa dell'uomo, le Eolie furono invase dalla *sicula,* e la endemica lucertola delle Eolie, evidentemente sopraffatta da questa invasione, è rimasta solamente in aree molto ristrette e molto isolate, così distribuite ed ove si insediano 4 sottospecie:

- *Podarcis raffoneae raffoneae,* in Strombolicchio
- *Podarcis raffoneae alvearioi,* scoglio Faraglione
- *Podarcis raffoneae antoninoi,* isola di Vulcano
- *Podarcis raffoneae cucchiarai,* scoglio La Canna.

Si calcola che l'area di distribuzione della vera lucertola Eoliana, la *P.raffonei,* non superi i 10 Km^2 , con un totale della popolazione attualmente residua di circa un migliaio di esemplari. È classificata dalla IUCN Red list come specie in pericolo critico di estinzione.

La riduzione del suo habitat naturale ad opera dell'uomo e la competizione con la *P. sicula*, unite alla distribuzione frammentata e residuale della specie, costituiscono una gravissima minaccia per *P. raffoneae*, che è considerato uno dei vertebrati italiani a maggior rischio d'estinzione.

La *cucchiarai* sembra essere la più scura, isolata e forse meno numerosa.

Di Federico Muciaccia - https://commons.wikimedia.org/w/index.php?curid=15486045